순간이라는 말,
뜨겁고 멀다

고우리 시집

상상인 시인선 026

순간이라는 말,
뜨겁고 멀다

* 저자의 의도에 따라 작품의 보조 동사와 합성 명사는 띄어쓰기가 달라질 수 있습니다.

* 본문 페이지에서 한 연이 첫 번째 행에서 시작될 때에는 〈 표기를 합니다.

시인의 말

머문 계절을 읽어 본다

웃는 아이와 눈을 마주치는 순간
녹아내리는 응어리를 발견한다

시가 무엇이냐고 묻는다면
나는 늘 순간이라 답한다

정의할 수 있는 마땅한 단어를 찾을 수 없어
순간이라는 변명에 가두어
모든 순간에 꺼내어 만지작거리다
다시 꼭꼭 숨겨 두고 싶은

모든 나의 모든 순간

엿보기를 허용하기로 하며
슬쩍 손 내밀어 본다

2022년 11월
고우리

■ 차 례

1부

곶자왈	19
풀썩,	20
의연해지는 법	22
스며듦에 대하여	24
나는 춥고	25
아침 일찍 인류의 멸망에 대해 이야기하는 아이	26
나미비아의 뻔뻔한 물개들	28
스펙트럼−사랑하는, 해담	30
구르는 사람의 풍경−원종혁 시인	32
독, 하다고?	34
순간접착제가 처음이라면	36
개인 사유	38
특별재난구조 시스템	39

2부

아르마딜로 풍으로	43
사랑시 다시 읽기	44
택일의 기준	45
소유욕의 변형	46
꽃이 피었다고	48
이별의 자동화	50
부겐베리아 엄마	51
48색의 하늘	52
신新납량특집	54
여름밤	55
할머니의 남자	56
S#.1 가로등/친애하는 클래식	57
만병통치밥	58

3부

전력 질주, 그 후   63
환몽 그러다 손목   64
조문   66
균형   67
귀여워라, 엄마   68
땅 위에서   69
열대야   70
비켜서기   72
고민 상담   74
그런 밤이 있다   76
꿈을 꾼다   77
조금 오래된 시   78

4부

수술실 앞에서	83
아버지 울다	84
날것을 먹는 방법	86
물집이라는 쾌락	87
입스 YIPS	88
꿈이 있다	90
목격자 프로젝트	91
배부른 모기를 찾아서	92
백색 소음	94
그래도 괜찮아, 그게 너라면	96
귤 밭 조각가	98
명절 풍경	100
어느 날 정리	101
처방전	102

해설 _ 희망 없이 사랑하기   105
황정산(시인·문학평론가)

1부

곶자왈

울고 웃던 순간들이 뒤엉켜
오늘의 나는 덩굴이 되었다
시간은 때때로 뜨겁게 피어났고
때로는 차갑게 식어갔다
나는 주로 걸었는데
어느 순간 달리고 있었고
갑자기 넘어진 곳에서
며칠씩 통곡했다
어제의 나는 사랑스러웠고
오늘의 나는 한심하다
시작과 끝이 뒤엉킨
모든 나의 모든 순간들이
땅을 딛고 서서 숲을 이루고 있다

곶자왈, 이제 삶이라 부르기로 한다
마침내 우거질 테니까

풀썩,

쓰러지는 일에는 요령이 필요하다

쓰러질 때와 일어날 때
그 틈에서 순간이라는 이름을 발견하기 전에
풀썩, 의 진행은 끝나야 했다
시선의 방향은 어디든 상관없다
주저앉은 나를 들키지 않는 것보다
중요한 것은 없었다

준비하지 못하고 풀썩 쓰러져
몸을 일으키지도 못하는 순간이라는 동안에
너를 좇는 내 시선을 읽는다

학습을 통해 익숙해진 낯선 것들이
무뎌진 것들로 개명하면서
하루만큼 더 낯선 순간을 만나고 싶어
매일 무너지거나 주저앉는 나는
나날이 낯설어지는 너를 찾는다

순간이 순간으로 익숙해지길 바라며

모든 쓰러지는 순간에 네가 있는 건 아닐 테니
풀썩, 의
방법을 순간에게 묻는다

의연해지는 법

상속은 늘 부족한 듯하여
더 줄 것이 없나 머리맡을 뒤적이는데
아들에게 물려준 나의 결점이 불쑥 튀어나온다

나를 닮아 맑은 눈
나를 닮아 선한 손과 발
나를 닮아 예쁘고 착하고 좋은 것들을 애써 찾는데
불쑥불쑥 튀어나오는 뾰족하고 날카로운 것들이
손톱 밑을 파고든다

손끝에 맺힌 핏방울이
쓰다듬던 아들 머리칼로, 어루만지던 아들 손등 위로
꽉 잡은 아들의 손가락 사이사이로 번진다
어린 그림자마저 핏빛으로 물들기 전에
군데군데 묻어난 나의 흔적들을 외면한다
지워보려고 하지만 지워지지 않는다

제 이름으로 서 있는 아이의 키가 더 자란 아침

부모의 부모로부터

자식의 자식에게로
이어지는 아픔을 끊어내고
의연해지는 법을 터득한다

스며듦에 대하여

스며든다는 건
온 생을 걸려 닮아가는 일이다

천천히 스며들어
젖어드는 줄 모르고 있다가
헤어질 때가 되어서야 비로소
흠뻑 젖은 나를 발견하는 일이다
나로 물든 너를 바라보는 일이다
그제야 마주 보고 깔깔거릴 수 있겠다
그리고 웃는 얼굴로 인사할 수 있길

Good Bye!

나는 춥고

춥지 않은 겨울이다
아파트 담장에 개나리 두어 송이가 피었다
철없는 것들은 어디서도 눈에 거슬린다
눈이 내릴 거라더니 안개가 눈썹 끝에 맺힌다
신발장 속 털 부츠에 곰팡이가 피었다

꽃이라고 모두 향기로운 것은 아니다
숨어서 피는 것들은 꽃이라고 부르지 않아도 된다

느린 걸음을 옮겨 골목길을 걷는다
저, 저, 시퍼런 민들레 줄기라니,
얽히고설키는 것들이 사람 세상에만 있는 것이 아니어서
동지 어름에 죽지 않는 민들레를
차마 꽃이라고 부르지 못하겠다

이상하고 이상적인 시간이 나란히 핀다

아침 일찍 인류의 멸망에 대해 이야기하는 아이

멸망을 생각해본 적 없는 엄마의 아침
두 눈을 반짝이는 아이는
엄마의 눈빛을 당기며 멸망을 논하고 있다니

아침부터 시작되는 잔소리 뒤에 버티고 선 아이

식물성 플랑크톤과 벌과 박쥐와 영장류와 균류,
이 다섯 가지 동물들이 인류의 멸망을 막을 수 있다고
이 동물들이 멸종되지 않아야 인류가 살아남는다고
잠에서 깨어나고 어둠이 밝아지고 하루가 시작되는
아침, 첫 대화

호기심을 타고 날아다니는 목소리의 아이에게
또 하나를 알아가는 것이 행복하다는 아이에게
오늘 아침 엄마와의 대화가 즐겁다는 아이에게
아침에 깨어 영원히 잠드는 일에 대해 이야기하듯
시작은, 끝에서 비롯되는 것이어서

정답 없는 문제를 허공에 적어 두고
빛보다 반짝이는 눈빛으로 궁금증 꿀꺽 삼키고

아침마다 현관문 박차고 어린 사슴처럼 달려 나가는 아이

인류의 멸망에 대해 쉬지 않고 이야기하는 아이에게 엄마는
아침에도 저녁에도 그저 웃어줄 뿐이다

나미비아의 뻔뻔한 물개들

바다는 오고 또 가고, 파도는 부서진다
썩은 내 짙어지는 모래성이 파도를 버틴다

7,000여 마리의 죽은 물개들이 악취를 뿜어내는 남아프리카 나미비아공화국

유산된 태아이거나 성체인 암컷이라는데
환경오염과 박테리아 감염에 영양실조까지
다양한 의혹으로 곳곳에 흩어진 모자 혹은 모녀의 떼죽음

부패되어가는 육체가 녹아드는 모래사장
악취로 질끈 눈 감아야 하는 풍경
통역할 수 없는 울부짖음이 끊이지 않는 해변
어떻게든 무엇이라도 해 보려는 인간에게

해결 과제 잔뜩 남겨두고 옮겨간
나미비아의 뻔뻔한 물개들, 오늘도 떠난다

죽음의 원인을 파헤치는 일은 고고한 인류에게 미뤄두고

그녀들과 그녀의 아이들은 무지개다리 너머 밝고 환한 다른 세상에서 춤을 춘다

견고한 생존의 흔적이 해안가를 물들인다

스펙트럼
—사랑하는, 해담

너의 미소는 시작도 없고 끝도 없는데
어디서부터 어디까지를 포함하는 스펙트럼일까

자폐 스펙트럼 장애Autism Spectrum Disorders, ASD
깊고도 아름다운 바다, 수식어가 쓸데없이 길다

웃음의 시작점이 명확하지 않아도
이마를 스치는 바람에도 깔깔거리는 너의 행복에
나는 이유를 묻고 싶지 않아
네가 웃는 모든 순간, 옆에서 함께 웃기로 한다

때로는
누구도 이해할 수 없는 일들에 화가 나기도 하고
아무도 알아주지 못하는 너만의 슬픔이 있기도 한
모든 너의 불행도 나는 함께 겪어내기로 하며
너의 가장 우스꽝스러운 친구가 되기로 한다

기쁨과 슬픔, 행복과 불행
단순한 언어들로 대변할 수 없는
모든 감각이 증폭된 너의 세계에서

너의 예민함보다 격렬하게 예민해질 수 없어서
미안하다는 말 대신 사랑한다 말하기로 한다

숨 쉬는 모든 순간
시선이 닿는 모든 것들에 사랑이 넘치는
너의 애정 스펙트럼에 내가 있기를

구르는 사람의 풍경
―원종혁 시인

30분을 비틀대며 올라간 산길
넘어져 뒹굴며
10초도 걸리지 않았던 것 같다고
옷자락을 잡으며 말리는 손에도
비 오는 광덕산을 올랐다는데

하루를 꼬박 걸어도 정상까지 닿지 못해
산 중턱에 집을 마련했다
시작은 항상 산 밑이었다
죽어라 걸어서 집에나 도착하면 다행이다가
집을 지나쳐 걷는 날들이 이어졌다
더 높은 곳에 집을 옮겨놓을까
여기저기 집터를 살피는 사이 정상이다
아직도 비틀비틀 땀 흘려야 하지만
그는 여전히 살아 있고, 살고 있다

광야를 걷는 줄 알았는데 사방이 생명이다
믿음은, 보이지 않는 것을 믿을 때 완성된다지만
예수님 손바닥 못 자국을 만지고서야 예수라 시인했던
제자들처럼

긁히고 할퀴며 돌 박혔던 흉터들이
마른 몸 구석구석에서 매일 뜨겁게
굴러야만 오를 수 있었던 산길을 증명한다

굴러가는 길이 모두 내리막길은 아니다

독, 하다고?

찔리고 베이는 일이 익숙하다
그러니까 나는 지금 독을 만드는 중인가

내가 만들어둔 독을 차곡차곡 쌓아뒀는데
자꾸 더 쌓으면 무너질 텐데
독은 정말이지 깨지기 쉬워서
순식간에 무너지고 산산조각 나는 것이어서
혹, 아주 멀리까지 그러니까 문 밖까지 파편이 튀어나 갈 수도 있는데

그게 꼭 공격을 하려는 것이어서는 아니고
그때 마침 네가 지나가다가 깨진 독에 맞을 수도 있겠지만
날카로운 조각이 내는 상처는 깨끗해서
살점이 너덜거리거나 상처가 흩어지지는 않을 거야
감쪽같이 아물 수 있을 거야
내가 나를 공격해 봐서 장담할 수 있어

어젯밤에는 별빛이 내지르는 푸른 칼날이 무수히 쏟아졌는데

다행히 내 독을 비켜갔다

이제 독, 하지 말자

이만하면 되었다

순간접착제가 처음이라면

주의하세요
눈이 따갑고 눈물이 날 거예요
콧구멍 안쪽 깊은 곳이 찌릿할 거예요
얼굴을 최대한 멀리 하고
재빨리 사용하고 뚜껑을 닫으세요, 꽉 잠그세요

손에 묻은 건 문지르고 문질러져서 저절로 없어질 거예요
바닥에 엎지른 건 어쩌지, 하는 틈에 이미 굳어 버려서
주워 담을 수도 닦아낼 수도 없게 되어요
가령 당신이 쏟아 버린 내 이름처럼
무심코 휴지로 닦으려다 휴지마저 바닥에 붙을지도 몰라요
원래 그런 것이니 그냥 받아들이세요
사용하기 전에 주의사항을 꼭 읽고, 기억하세요

그래서 사용 연령 제한이 있는 거겠죠
이 모든 것이 뜨겁고도 강렬한 첫 키스와도 같아서
오늘 하루가 당신에게 깊이 박힐 거예요
사랑은 초강력이며, 순간이겠지요
〈

순간이라는 말은 당신이 알고 있는 것보다 뜨겁고 멀
답니다

개인 사유

나는 뜨겁다

30도를 훨씬 웃도는 기온
태양은 뜨겁고 이마는 더 뜨겁다
눈물만큼 진득한 땀이 흐르고
알프스의 빙하가 녹아 흐른다
스위스와 이탈리아의 국경선은 나날이 혼란스럽다
포식자를 피해 빙하를 오르던 물범이
빙하와 함께 무너져 내린다
떠내려오는 일가족을 입 벌리고 기다리는 북극곰은
발톱을 세우지 않아도 괜찮다

상습적인 지각의 이유가
지구온난화인 것은,
당신도 알 것이다

온난한 내게도 지각변동이 일어난다
나는 늘 뜨겁다

특별재난구조 시스템

'불이 나면 휠체어를 들고 뛰어야 합니다'
장애인을 위한 대피 안내문을 읽다가
우리는 슈퍼히어로를 마냥 기다리거나
온몸으로 불길을 맞이할 준비를 하고 있어야 합니다,
하고 있습니다

우리는 크리스마스를 믿지 않아요
산타는 엄마 아닌가요?
우리는 신의 존재를 부정하죠
깔깔깔, 이런 나도 신이 만들었으니까요

베란다 아래에 모든 준비가 되어 있어도
구조 매트 위로 뛰어내리는 일도
우리는 슈퍼히어로의 스케줄에 맞춰야 해요

우리는 슈퍼히어로를 믿어요
누군가를 의지해요
기운 센 천하장사 같은 팔을 가진 이웃이
동에 번쩍 서에 번쩍 나타나는 이웃이
타이밍 좋게 등장할 것을 믿어요
그는 늘 부지런하거나 한가해야 해요

2부

아르마딜로 풍으로

시커멓게 패인 검은 눈자위
손으로 옮겨 그리는 것도 아닌데
눈 비빌 때마다 먹구름의 영역이 넓어진다

닫힌 커튼 틈 파고드는 햇살이 날카롭다
아르마딜로처럼 웅크린 나는
햇살 꽃 사랑 반지 이런 향기 나는 날들을
꺾어 던지고 밟아 뭉개고
내팽개치고 떠나고 싶지만

기어코 비가 쏟아질 거라고
커튼 여미고 다시 무릎 사이에 얼굴 묻는다

오늘은 비가 와야만 한다
누군가의 결혼식이 예정되어 있다

사랑시 다시 읽기

그 사람은,
사랑을 잘하거나 적극적으로 시를 쓰거나
둘 중 하나임에 분명하다

그의 시를 읽을 때마다
무릎을 탁 치거나 뒤통수를 세게 맞아서 이제
생각만으로도 도망칠 궁리를 한다

지나간 모든 사랑을 의심해 본다
공정한 것들 속에 사랑이 들었다고 믿었으나
처음부터 잘못 입력된 정보였다

내가 화들짝 놀라거나 엎어져 울고 싶은 것들은 모두
너의 사랑법이어서
처음부터 다시 옮겨 적는 중이지만
어쩌자고 자꾸 글씨가 틀려서 고쳐 쓰고 고쳐 써 보지만
고장난 레코드판처럼
같은 글자에서 또 틀리네

틀렸어,
풀어쓰는 문장은 내 몫이 아니야

택일의 기준

악귀는 수시로 들락거렸다

한바탕 비가 퍼붓고 지나간 육 남매의 집터에 검은 사내의 그림자가 서성인다
시집도 안 간 언니가 엄마 아버지 가신 길 따라나서고
홀로 남아 지키던 땅을 떠나기로 했다

내 형편에만 맞는 날짜를 정하고 이삿짐센터를 예약했다
제멋대로 돌아다니던 악귀가 돌아다니지 않는 날이라고
겨우 한 자리 남았다며 서둘러 계약서를 쓰라기에
그제야 손 없는 날을 헤아린다

모든 날이 하나님의 손에 달려있음을 믿으며
손 없는 날로부터 자유하기를 소망하며
기꺼이 추가 요금을 지불하는
어느 크리스천의 이삿날

소유욕의 변형

다 마신 맥주 캔은 꼭 찌그러뜨려야 한다
그래야 쓰레기에 입을 대고 흔들어댈 일이 없다
설거지를 미루는 일은 정말이지 최악이다
자리를 이동하기 전에 화장실에 꼭 다녀와야 한다
맨발에 신발을 신지만 맨발로 땅을 밟지는 않는다
요리할 땐 숟가락을 여러 개 쓰고
하루에도 수십 번 손을 씻는다
대부분의 물건은 두 개씩 사놓아야 안심할 수 있다
아침에 눈을 뜨자마자 컴퓨터 전원 버튼을 누른다
왼손을 내밀고 왼발을 먼저 디딘다
비가 내리는 날엔 VIBE의 '미워도 다시 한 번'을 듣고
 TV를 켜고 휴대폰 게임을 하며 스피커폰으로 통화를 한다
 커피 잔을 수시로 채우고 밤엔 그 잔에 맥주를 따른다
 휴대폰 배터리가 다 찼어도 충전기에 꽂아두어야 한다

 강박의 모든 순간이 소유욕에서 비롯된다고 믿지 말아야 한다
 기꺼이 끌어안고 깊은 바다에 가라앉을 만한 꿈이 아니라면

허욕을 이해하지 못하는 것이다

자유라고 부르고 싶은 것들조차
소유욕 언저리일 뿐이다

꽃이 피었다고

아파트 담장에서 개나리를 보던 지난겨울처럼
동지 근처에서도 죽지 않는 민들레가 있다
봄꽃을 사러 간 꽃집의 아가씨는 파란 장미를 내민다
한여름 해바라기의 가늘고 긴 줄기는 휘청휘청, 위태롭다
가을 국화가 한창이다, 거둬들여야 할
사계절 이상 기온이 낳은 돌연변이들의 향연

한겨울에도 꽃 피는 억지가 있을 거라고
사람들은 기적을 만드는 마음으로 파란 장미를 만들어 내다고
해바라기 안의 열정이 스스로를 말려 버렸다고, 그러나 끝내 버티고 있다고
가을 국화는 어떤 색이든 그저 가을이란 말이라고
사계절 이상 기온에도 꽃은 핀다고
꽃은, 그저 꽃이어서

땅 속 세포까지 힘을 보태 모든 숨에 최선을 다했다
끌어올리고 뻗어나가는 일에 몰두했다
한 순간도 남기지 않고 적어 둔 시간 앞에서
사람들이 말했다, 꽃이 피었다고

〈
도저히 알 수 없는 수수께끼 같은 시절들이었는데
지나는 모든 사람들이 말한다, 꽃이 피었다고
장미, 튤립, 해바라기, 개나리, 민들레, 유채꽃, 수국
신음처럼 맥문동, 봄까치꽃 이런 낯선 이름들까지
그 모든 신비를 애써 풀지 않기로 한다
가만히 중얼거려 본다, 꽃이 피었다고
발 디디고 선 여기가 바로 꽃밭이다
피고 지는 모든 시절, 그저 꽃이다

이별의 자동화

97년의 한 생이
찰나같이 짧은 순간이었다

중얼거리듯 엄마를 부르는
작은 목소리를 집어삼키는 분쇄기 돌아가는 소리에
눈물 떨군 고개들이 하나둘 들린다
기계가 주는 안정감이 단단하다
요즘엔 분골도 손수 하지 않는구나
탄식인지 감탄인지 모를 말이 끝나기가 무섭게
돌아가는 컨베이어 벨트 위로 할머니가 나온다
21세기 자동화 시스템에 울 타이밍을 놓쳤다

절차에 맞춰 기계적인 작별인사를 하고 돌아서는데
눈물이 흐른다
자동화 시스템의 입력 오류인가
호환되지 못한 슬픔의 출력 오류인가
슬픔의 전원을 켜고 끄는 일이
의외로 내 손 끝에 달려 있지 않았다

부겐베리아 엄마

엄마 몰래 버린 나뭇가지가 베란다 창살에 걸렸다
저 작은 가지 하나 5년은 버텼을 텐데!
37년을 버틴 딸보다 저 가지가 귀하냐고
나뭇가지를 창밖으로 휙 집어던졌다

다 큰 자식들이 엄마 곁을 떠난 20여 년 동안
끼니때마다 안부를 물었던 부겐베리아 한 그루
평수 줄여 이사를 해도
뒷좌석에 고이 모시고 다녔던, 꽃의 시간

화장대에서 뛰어내려 팔 부러졌던 막내
무릎에 상처 아물 날 없을 정도로 공을 차던 큰 아들
깨진 유리창에 손목이 베인 둘째
삼 남매 키우며 수도 없이 패인 흉터들
부러진 가지마다 떨어진 꽃잎마다 선명하다

당신 팔이 떨어져 나간대도 자식 손 한 번 놓지 않은 엄마
거친 손을 잡아본 게 언제였나 하면서도
오늘도 엄마 손 맞잡는 대신
버린 꽃가지 주워 와 물에 담근다

48색의 하늘

하늘을 색칠하다가 하늘색이 작아진 게 아쉬워
잠든 언니 몰래 바꾼 크레파스
하늘색이 어제보다 조금 더 자랐다

내 하늘이 자라는 만큼
크레파스가 줄어드는
언니 오빠가 매일 한 쪽씩 눈감아 주어

늘 새 것처럼 채운 내 크레파스 상자

키 작은 크레파스 줄지어 있던 여덟 살 여름방학
여름성경학교에서 선물로 받은 48색 크레파스
24색을 가뿐히 건너뛰고 무려 48색이라니!
어떤 색으로 하늘을 칠해도 피식피식 새는 웃음
화단의 나팔꽃, 햇빛 비치는 유리창, 그리고 언니 오빠
알록달록한 하늘에 내가 아는 예쁜 이름을 다 적어두었다

잠든 하늘은 자라기도 하고 줄어들기도 하는 마법 같다
크레파스 상자 속에 천국이 있다

〈
지금 나의 하늘은 누구에게 얼마나 줄어들었을까

신新납량특집

샤워기 물을 머리에 맞을 수 없는 극심한 물 공포
구명조끼 입고 튜브를 끼고도 땅에서 발을 뗄 수 없다
언제 어떻게 터질지 몰라 맘 졸이는 풍선 공포
물방울무늬라는 말도 듣기 싫어지는 환 공포
차마 눈 마주칠 수 없는 피에로 공포
수화기 너머의 목소리에 숨이 막힐 것 같은 전화 공포
모든 부리가 나를 향해 있는 것만 같은 조류 공포

해가 지면 책상 아래에 발을 내려놓기가 무섭다
갈아입을 속옷을 찾기 위해 서랍을 여는 일도 용기가 필요하다
모든 길모퉁이를 돌기 전에 심호흡을 해야 하고
차가운 손을 스스로 맞잡는 것으로 떨림을 달랜다
집안의 거울과 시계를 모두 없애고
나는 나로부터 도망친다

불안이 불안을 불러오는 끔찍한 연쇄 현상에 대하여
범불안 장애라는 병명에 가두는 건
정말이지 무서운 일이다

여름밤

나의 틈을 비집고 들어오는 그것들과
거대한 몸집으로 보잘것없는 꿈을 꾸는 내가
데면데면한 서로에게
침을 겨누어 하루의 끝을 위협하지만 않는다면
기꺼이 타협하여 공존할 수 있을 텐데

2mm의 틈만 있어도 실내 진입이 가능한 모기
작은 구멍에 날개를 구겨 넣는 일쯤은
수도 없이 겪었겠지
절대 뚫을 수 없을 것 같은
틈을 비집고 들어가는 일이
종족 번식을 위해 적정 온도를 찾는 그것들에게
목숨을 걸 만한 가치가 있듯
애초에 시도도 하지 못할 나의 일들이

그것들에게는 그까짓 것일 수도 있겠다

미세방충망을 설치하지 않는 대신
라벤더 향 모기향에 불을 붙인다

모기도 나도 이기적인, 목숨이니까

할머니의 남자

―할머니, 사진 좀 보여 주서요

젊은 사내 사진 한 장 꺼내놓고 배시시 웃는 열다섯 살
그녀가 내 할머니이다
치매를 들어앉힌 가슴에서도
저렇게 반듯한 사내가 내 할아버지란다

―요즘 태어났어도 영화배우 했을 것 같아요
―그러엄, 어떤 배우가 이만큼 생겼겠냐?
집안이 기운다고 비껴간 인연을 바라보며
호물호물 웃는다
오빠를 참 좋아해요, 오빠가 좋아요, 좋아해요
한참을 중얼거리다 말고

그 오빠가 보고 싶어 미칠 것 같다고
아무래도 내가 미친 것 같다고
벌떡 일어나 허공에 대고 주먹질을 해댄다

위로처럼,

S#.1 가로등/친애하는 클래식*

타인의 사랑을 훔쳐보기 좋은 곳에 자리를 잡았다
기울어진 집안의 반대도 단식 투쟁도 없는 곳
오롯이 서로를 탐닉하는 눈빛이 골목 끝에서 뜨거웠고
계단 아래에서 입술 파르르 떨렸다

뒤를 돌아보기도 전에 가로등이 꺼진다
남자의 실루엣이 보인 것 같기도 하다
다시 어둠이 그의 몸을 덮는다
파도처럼 몰아쉬는 거친 숨소리
그가 분명하다
눈이 마주치는 순간
계단을 달려 내려가 와락 그를 안았다, 넘어진다 해도 상관없다
가로등 아래 둘만의 세상이 열린다

네모반듯한 화면 속 1인치도 빠져나올 수 없는
남의 사랑을 수십 번씩 돌려보며
더이상의 명장면을 기대하지 않아도 좋다

* 2003년에 개봉한 곽재용 감독의 영화.

만병통치밥

밥이면 다 된다고 배웠다
밥심으로 살면 된다기에
밥통 빌 틈 없이 더운밥 채웠다

인간만이 직립보행이 가능하다던데
세 번 끓인 미역국에 밥을 말며
선 채로 한 끼만큼 퇴행한다
이렇게 몇 그릇을 더 먹으면
숟가락 없이 밥을 먹게 될지도 모르겠다

젓가락 옆에 회초리 올려두고
충청도 양반식 밥상머리 교육하시던 아버지가
오징어 씹어 먹이시던 막내딸인데
빈 그릇 쌓여가는 싱크대 앞에 서서
뜨거운 미역국 후루룩 마신다
관절마다 찬바람이 비집고 들어오고 나서야
나는 나를 더듬어 계절을 읽는다

미역국 마실 새도 없이
빈 젖 물려가며 쌍둥이 키웠다던

엄마 밥 냄새가 코끝을 녹인다
비로소 허리를 꼿꼿이 세운다
이제 아이를 번쩍 안을 수 있다

3부

전력 질주, 그 후

사고는 늘 뜻밖에 일어난다
계획에 없던 전력 질주에 정강이뼈가 찢기는 고통이 생겼다
살을 뚫고 들어간 뜻밖이라는 이름의 고통이
정강이뼈를 갈기갈기 부숴놓고
갈라진 틈마다 쑤시고 다니는 중이다
비명은 내지르는 족족 골절의 크레바스로 빨려들어 간다

애초에 전력을 다해 달리지 않으면 되는 거였다
아니 그냥 걸어도 충분했을지 모르겠다

피로골절에 대해서 알지 못하는 대신
이 고통에 몰두하기로 한다
해체된 뼈를 이어 붙일 도구가 자책뿐이라도
우선은 정강이뼈가 부러지고 볼 일이다

최선을 다했던 순간을 원망하고 볼 일이다

환몽 그러다 손목

손목뼈 꺾이는 소리를 만 번 정도 들었다
그러다 잠이 들었나

어둠을 더듬어 벽지에 장판에 목적지를 끄적이고
만 번쯤 우두둑거리다가 떨어져 나간 손목이
저 혼자 창을 열고 뛰어내린 손목이

낯선 문틈 사이로 비집고 들어가
잠들어 있던 숟가락 하나를 집어 들고 나온다
그의 손목을 슬쩍 잡아본 것 같기도 하다

손목은 남의 집 밥솥 뚜껑을 열고
아까 그 남자의 숟가락으로 밥을 휘휘 저어두고
눈 없는 손목이 잠든 동네를 돌아다니다
그의 집에 다시 들어가 또 다른 그의 손목을 잡고
손등을 쓸고 손가락을 만지작거리고 손목을 잡아끄는데

담벼락 밑 고양이 뜬 눈에
놀란 손가락 끝이 오그라든다
〈

밤새 남의 사정 훔치고 다니다 제자리 찾은 손목
잠결에 두어 번 흔들어 보고
비로소 깊은 잠에 빠진다

손목 무성한 방 안이 빽빽하다

조문

기억이 선명하지는 않지만
으레 하던 대로 그렇게 했을 것이다

남은 이들에게 위로의 손길이 임하길 빌었겠지

남은 것들은 왜 항상 덩그러니, 일까

초점 잃은 시선을 거두고
자꾸 생각나는
아픔과 고통과 쓸쓸함과 외로움과 슬픔과 가족
그런 말들을 눈동자 뒤에 꼭꼭 숨긴다

잠시 감았던 눈을 뜨고 몸을 돌린다

돌아가시는구나

균형

리필 용기에 세제를 따를 때
위만 보고 있으면 넘쳐 버리고
아래쪽을 보고 있으면
감당할 수 없게 쏟아져 흐른다
한곳에만 시선을 고정했더니
다른 한쪽이 넘치는 일은 부지기수이다
닦고 치워야 하는 번거로움을 동반한 넘침은
차라리 덜 채우는 게 낫다는 교훈을 남기지만
리필 용기와 세제 앞에 쭈그려 앉은 나는 늘 단순하다

위와 아래를 균형 있게 보는 일
두 지점에 시선을 골고루 주는 일은
두 눈이 각각 다른 곳을 보는 일은,
상상 속에서나 가능한 일이다

귀여워라, 엄마

이사를 앞두고 해묵은 짐들을 정리하며
이따금씩 눈시울을 붉히며
17년의 세월을 더듬는 엄마

삼 남매 시집 장가 보내고 빈 마음을 달래던 밤 베란다
달빛 서늘한 창가에 맨발로 서서
후끈거리는 양볼을 식히고 가슴을 쳤다지
울컥, 튀어나오는 어제를 빈주먹으로 달래고
새벽 공기 맞으며 꽃시장에 다녀오신 엄마
새로 핀 꽃을 보러 오라며 아침부터 부르신다

휘휘 고개 돌려 집안을 둘러보고 돌아서는 딸에게
내일은 와서 맡겨둔 책을 가져가라 하시고
다음 주에는 오래된 사진을 가지러 오라고 하신다
내일은 온 김에 짜장면이라도 같이 먹자시는데
고스톱도 치자는 딸에게
깔깔거리며 소녀처럼 웃는 엄마, 귀여운 엄마

새벽 꽃보다 싱그럽던 그때의 엄마와
작별을 준비하는 우리 엄마
수완이 따뜻해서 코끝 찡하다

땅 위에서

대지는
먼저 떠나는 일이 없었다
스스로 존재하는
대지는
바람에도 흔들리지 않으며
그저 그 자리를 지키며
가진 것을 내어 주었다

나는
가끔 쓰러졌고
때로는 엎드려 울기도 했다
대지는
언제나처럼 넓고 깊었으며
나를 품기에 충분했다

가이아, 거룩한 이름을 부른다

열대야

때 이른 열대야가 한창이다
예년보다 일찍 찾아온 무더위가 기승이다
글자 순서만 다를 뿐 매일 같은 내용의 뉴스를
아침에 한 번, 밤에 한 번 읽으며
젖은 머리를 말린다

선풍기 강풍에 머리를 말리다
발을 뻗어 치켜든 선풍기 목을 숙이고
앓는 소리를 하며 열대야를 받아들이기로 한다

젖은 머리의 무게가 더해져
머리는 무겁고 몸은 처지고 화장실도 참아가며 처져 있는데

무릎이 시리다
시린 무릎을 손바닥으로 감쌌다가 문질렀다가
벌떡 몸 일으켜 서랍을 뒤진다
한여름에 무릎보호대라니!
열대야에 젖은 머리에 무거운 몸에 망해 버린 산후조리까지

모든 죄목을 더위에게 뒤집어씌우는 밤

오금에 땀띠가 난 듯하다
더는 달리지 못하겠다
거기, 네가 있다고 해도

비켜서기

   주말마다 음식물쓰레기를 버리는 여자와 마주친다
   매일같이 쓰레기를 들고 나가는 나에게 그녀와의 만남은 일종의 루틴이다

   일요일 밤 10시 30분이면 그녀를 마주쳐야만 할 것 같다
   음식물 쓰레기통 앞에서 성에 낀 쓰레기봉투를 들고 있는 여자는 내 쓰레기봉투를 훑어보며 피식거린다

   썩어가는 것들을 냉동실에 보관하는 일로
   스스로 시간을 통제한다고 착각하는 그녀를 아래위로 훑으며 나는 슬그머니 눈길을 피한다

   입에 들어갈 것들과 버려질 것들을 같은 공간에 보관하는 일이 시간을 관장하는 일은 절대 아니며,

   그 정도 요령으로 또다시 그런 눈빛을 보인다면 다음엔 그 살얼음 언 것들을 네 입에 콱 처넣어 버리겠다고 말하고 싶었지만 쓰레기통 앞자리를 비켜준다
   〈

냉동실 밖으로 꺼내져 녹기 시작한 것들도 열대야 때문이라며 이마에 맺힌 땀에 핑계를 붙이는 나도

제어 불가능한 시한폭탄 같은 일요일 밤

고민 상담

잠깐 얘기 좀 하자는 소리에
방에서 끌려 나온 아들의 얼굴이 핼쑥하다

묻는 것마다 절대 아니라고 손사래를 치는 아들
질문 공세를 이기지 못하고 쭈뼛쭈뼛 입술을 뗀 첫마디가
말을 해도 엄마는 모를 거라는데

쿵, 뒤통수를 제대로 맞았다
엄마는 모를 거라니,
저 입술이 또 얼마나 무거웠을까
다 괜찮다고, 걱정하지 말라고 아들을 끌어안고
억지로 억지로 걱정거리를 끄집어냈다

축구게임 속 이적 시장에서
은퇴한 마크 오베르마르스의 시세가
너무 높아 고민이라는 아들의 손을 잡고
아, 어차피 엄마는 모르는 거구나!
웃음 터졌다

사춘기 아들의 신체 변화와 감정 변화를

수십 번도 넘게 검색하고 공부하며 보낸 며칠의 시간이 컴퓨터 게임 앞에서 한없이 진지한 목소리를 타고 흩어진다
하품이 쏟아진다
며칠 치 잠이나 몰아 자야겠다

* 2009년 은퇴한 네덜란드의 전 축구선수, 현재 AFC 아약스의 단장.

그런 밤이 있다

너를 생각하며
목이 찢어지도록 우는 밤
미안하다고 사랑한다고 소리 내지 못해
삼키고 삼키느라 목이 아프다

맨손으로 닦아낸 눈물이 마르는 속도와
흐르는 속도를 이기지 못해
두 손이 눈물범벅이다
가슴팍까지 젖은 티셔츠 무게만큼이라도
네게 진 빚을 덜어 주면 좋겠다

내일이면 잊혀질 미안함이라도
목구멍 상처 또한 아문다고 해도
오늘 밤은,
빈주먹으로 가슴 치며
네 이름 부르고 또 불렀다고
언젠가 멋쩍게 웃으며
변명할 수 있는 밤이었다고

나 혼자 기억하고 싶은 그런 밤이 있다

꿈을 꾼다

꿈속에서 나는
언제나 새로운 내가 된다

낯선 길 위에서
꿈을 쓰고 꿈을 그리고 내일을 연주하며
때때로 반짝이는 모든 나는
매일 꿈속을 살며 삶을 꿈꾼다

치열한 오늘의 끝에서
어제의 나로 잊혀질지라도
또다시 낯선 내가 되기로 한다

꿈꾸는 모든 순간,
나는 나를 그린다

조금 오래된 시

모서리가 너덜너덜한 종이가 있다
반쯤 잘린 갱지는 휴지처럼 얇고 부드러워졌다(처음엔 까슬까슬했던 것 같다)
조심조심 찢어낸 공책 몇 장
꾹꾹 눌러쓴 글씨들,
크기가 모두 제각각인 연습장 조각들
보라, 초록, 금, 은색 반짝이는 글자들

<u>건전지가 다 닳은 시계,</u>
<u>오늘도 입 벌리고 나를 기다리는 놀이공원-학교,</u>
<u>내 몸 씻어 주는 비눗물,</u>
<u>내 마음 씻어 주는 비, 눈물</u>
그리고 열네 살 소녀가 거기 있다

지금의 나보다 또박또박 힘주어 글씨를 쓰는
줄무늬 양말을 좋아했던 소녀가 쓴
몇 편의 조금 오래된 시

종잇조각 부서질까
보라색 초록색 시들이 날아가지는 않을까

떨리는 손으로 소녀를 쓰다듬는 소녀

두어 번 더 매만지다 책장 구석에 꽂아 둔
소녀의 조각들을 매일 올려다보는데
첫사랑처럼 설렌다

오, 나의 시

4부

수술실 앞에서

어릴 때 가위바위보를 하면
꼭 목숨을 하나 더 달라고 해서
목숨 두세 개짜리 가위바위보를 했다

사람 목숨을 사람의 힘으로 어찌할 수 없다는 것을 알면서도
생사에 관여하는 똑똑하고 무모한 천사들
그래서 흰 가운을 입었을까 픽, 웃다가
사람이 사람에게 목숨을 부여하는 신비로운 역행
손길이 닿는 곳, 발길이 닿는 곳에서
생명이 피어나는 모습을 보면
정해진 수명을 거스르는 저 놀라운 행위마저
계획하고 있었던 것 같다, 라는 믿음이 생기기도

애써 딴청을 피우거나 횡설수설하는 시간
천사가 가져올 소식을 기다린다
가위바위보, 꼭 이기고 싶다, 이겨야 한다

아버지 울다

10년 동안 외면했던 교회 쪽으로
얼굴을 돌리는 아버지
산소 포화도 수치에 대해 묻고
다음달로 예약해 둔 여행을 취소하며
휴대전화 주소록을 정리하고

엄마 가실 날만 기다린다는 피붙이들에게는 부고도 전하지 않는다더니
"그래도 막내에게는 전화해야겠지"
"상복은 대여해 준다던데"
검은 양복과 검은 양말을 찾아 옷장문 여닫기를 반복하다가
울리는 전화벨 소리에 한 호흡을 삼킨다

DNR*에 대해 확인하는 사무적인 목소리에
괜찮다, 필요 없다고
아버지의 손떨림에 창문이 운다

고기반찬도 동네 산책도 좋아하는 맛동산도
괜찮다, 필요 없다 고개 젓다가 말씀하신다

"며칠만 아빠 옆에 있어 줄래?"

* 연명의료 중단 동의서.

날것을 먹는 방법

덩어리를 조각내어 힘줄을 제거하고
근막을 뜯어낸 살결을 쓰다듬으며
붉은 것들에 붙은 이름표를 읽는다
날것들의 이름을 부르며
다른 모양의 같은 것들을 애써 구분한다

시뻘건 육즙 흥건한 접시를 가운데 두고
쫄깃한 것이 제맛이라며
이건 이렇고 저건 저렇고
비슷한 것들 사이에서 오가는 말이 많다
제 엉덩이 한 번 제대로 본 적도 없으면서
이러쿵저러쿵 미식가 납시셨다

내 이름을 부르는 소리에 화들짝 놀라
엉덩이가 번쩍 들린다

다음엔 뭉티기*를 먹어볼까

* 경상도식 육회, 뭉텅뭉텅 자른 한우 생고기.

물집이라는 쾌락

물집 위에 물집이 생겼다
굳은살 아래에 피가 고였다

2박 3일 여행 끝에 물집이 생겼다
오른쪽 발 네 번째 발가락 아래
상습적으로 물집이 생긴다
또 이러다 말겠지 하며 그냥 걸었는데

터뜨리는 것이 맞는지 짜내는 것이 맞는지
손톱깎이를 들고 한참을 고민하다가
난 뭐든 열심히는 하지 말아야 한다는
새로운 학설을 세우기로 했다

물집은 며칠 더 두고 보다가
뜯어내기로 했다

덧난 것들을 뜯어내는 쾌락에 길들여진다

입스 YIPS*

불안감이 쌓여 돌진할 수 없는 공격형 인간
몸을 부딪쳐 이겨야만 하는 싸움에서
손 뻗지 못하는 극한의 근육 이상
뇌를 떠난 명령어가 끝내 닿지 못하고
몸속 어딘가에 흩어졌을까
혈관에 조용히 쌓여가는 것들이
불안이라는 올가미로 손목을 묶는다

최강, 최고, 레전드,
벼랑 끝에 내몰려 맞닥뜨린 입스
손가락 하나 마음대로 움직일 수 없다
팔을 뻗는 게 이렇게 힘든 일이었나

시합은 늘 실전이다
생각하지 않는 것이 정답일 때도 있지만
이겨내야 한다는 생각마저 올가미인 걸 알지만
팔을 잡고 늘어지는 것들을 끊어내고
승리를 향해 손을 뻗는다
안간힘이 잡은 1점이 달다

* 압박감이 느껴지는 시합 등의 불안이 증가하는 상황에서 근육이 경직되면서 운동선수들이 평소에는 잘하던 동작을 제대로 못하게 되는 현상.

꿈이 있다

꿈꾸지 않는 순간
더이상 사는 것이 아니라고
말문이 터지면서부터 세뇌되기 시작하여
꿈을 꾸었고 꿈을 꾸고 있다

강력한 지배력을 가진 단순한 말 한마디
성장 과정 전반을 휘감은 끔찍한 세뇌
그 틈에서 태어나고 자라 키가 크는 꿈
동공을 열고 입을 벌리며 들어 주는 것이
꿈이라는 말에 대한 기본 예의라고 구전되어
꿈을 말하는 사람이나 남의 꿈을 듣는 사람이나
반사적으로 그 지위를 높여준 짧은 한마디가 무서워

꿈,
하고 싶은 것을 하는 축복
혹은 그것만 하고 싶은 저주
꿈, 삶의 반대편에서 나를 비웃고 있을 한마디
그 짧은 말에서 벗어나는 꿈을 꾼다

그럼에도 불구하고,
꿈.

목격자 프로젝트

21세기의 최전방에서 발견된 뗀석기 도구를 사용하는 원숭이가 나타났다

카푸친원숭이 무리는 손으로, 아니 앞발로 질긴 야자열매 껍질을 벗기고 바위를 깨뜨려 떼어낸 돌로 두꺼운 속껍질을 깬다

알맹이에 도달하기까지 뗀석기면 충분했다

생명의 탄생이 수십억 생식세포의 레이스에서 시작되듯 신문명의 탄생은 수천 년 이어진 두드림에서 비롯된다

과학자들의 연구에 의하면 250만 년을 더 두드리면 신석기로 발전할 거라는데
문명의 발전까지 수억 년이 필요한 건 어쩌면 당연하다

메이드 인 카푸친원숭이 문명의 발전을 목격할 수 있다면 기꺼이 냉동인간 2022-37호가 되고 싶다

250만 년 후에 깨어나 최초의 신인류가 될 수 있다

배부른 모기를 찾아서

얼마나 뾰족한 창을 가졌기에
이중 방어를 뚫고 엉덩이를 찔렀을까
전쟁 같은 하루살이의 끝을 뒤흔드는
코골이 소리 사이 숨어든 침투조

삼엄한 경비의 의미는 있거나 없다

피 튀기는 전쟁통에도 코골이 소리는 우렁차다
이길 수 없다는 걸 아는지 묻지 못하는 새벽
등 한가운데 겨우 동전 하나만 한 거기가 아득도 하여
속수무책으로 함락당한 요새들을 더듬으며
투지 불태우는 패잔병의 눈이 벌겋다

나의 함락과는 상관없는 그의 코골이
나와 다른 전쟁을 치르는 그가
적군의 위치를 찾기도 전에 환해지는 방
하품을 밀고 들어오는 아침

벽 한쪽에 주저앉은 모기를 맨손으로 때려잡았다
흰 벽지에 피로 쓴 일기 대충 닦아내고

코 고는 그의 옆구리를 파고들었다
나만 전선에 세워두었던 그가 뒤척인다
또 다른 전쟁이 시작될 것이다

백색 소음

저마다의 화이트 노이즈가 있다
모태의 안정감을 되살려 주는 나만의 백색 소음
타의로 잘린 탯줄을 다시 잇는 소리
배꼽 밑이 욱신거려도 아프지 않은 소리가 있다

언젠가 들었던 빗소리를 찾는다며,
요즘 내리는 비는 그때 같지 않다던 그녀가
빗속을 걷다가 달리다가 주저앉는다, 울컥 참았던 숨이 넘어온다
병원에 엄마를 모시고도 빗소리를 찾아 헤매던 그녀는
막걸리를 빚기 시작했다며 쉬지 않고 만들었더니 너무 많다고
배냇짓 같은 미소로 막걸리 두 병을 내밀었다

그때 그 빗소리를 드디어 찾았다며
막걸리 발효되는 소리를 녹음해 반복해서 듣더니
항아리를 끌어안고 잠든 그녀가 웃는다
엄마 냄새가 나는지, 엄마에게서 막걸리 익는 냄새가 났던 건지
〈

술항아리 안에서 발효 중인 엄마

그래도 괜찮아, 그게 너라면

커서 뭐가 되고 싶냐고 묻는 어른들에게
대답하지 못해 당황하지 마
장래 희망을 결정하지 못했다고 속상해 하지 마
꿈이 없다는 이유로 혀를 차는 어른들 앞에서
슬퍼하지 마, 주눅들지 마, 작아지지 마
어깨를 펴고 고개를 들어 앞을 보렴
허리를 꼿꼿이 세우고 목소리에 힘을 주어 말해 보렴
지금도 난 괜찮다고

그래도 괜찮아
너는 아직 모르겠지만
네 손길이 닿는 곳에서 꽃이 피고
네가 걷는 모든 길이 구름 위에 있어
너는 때로는 빗방울처럼 말하고 파도처럼 웃을 거야
어느 날은 숲 속에 서 있을 테고
또 어느 날은 하늘을 날 거야
네 시선의 끝에는 네가 모르는 우주가 있어

그러니까 괜찮아
어른들도 가끔 겁이 날 때가 있어

어른들도 무섭고 겁이 나
커다란 나무이고 싶은데
어떻게 해야 할지 몰라서 한밤중에 몰래 울기도 한단다

그러니까 아이야,
꿈이라는 말에 스스로를 가둬두지 말자
그래도 괜찮아, 그게 너라면
너라는 이름의 별로 반짝일 수 있다면, 그렇다면
너니까 괜찮아
너라서 괜찮아
너라면 다 괜찮아

오늘의 햇살은 온전히 너의 것이란다

귤 밭 조각가

매일, 매일,
같은 시각 같은 자리에서 같은 구도로
사진을 찍는 사내의 사진 속에는
제주도 작은 귤 밭이 있다

그는 귤나무 여린 이파리를 쓰다듬으면서 일과를 시작한다
오랜 친구에게 건네는 안부처럼
은근하고 따듯한 사내의 손등에 귤꽃 향기가 내려앉는다
못난이 귤의 향기가 더욱 진하다는 것은 제주 사람이 다 알지만
그래도, 멀리 보내는 상자에는 반듯하고 잘 익은 귤을 담는다
그는 귤을 보내는 것이 아니라 안부를 보내는 것이다
제주 사내의 얼굴을 그려 넣은 귤을 보내면서
그리움을 그렸다고 우긴다
아주 가끔 눈 내리는 귤 밭 한쪽에 앉아 허공을 조각해 본다

그가 귤 밭을 비우는 날이면

한라산 바람과 서귀포 파도가 귤 밭을 돌본다는 풍문도 있는데
내가 직접 본 적은 없으므로 그렇다고는 못 하겠다

그는 늘 작업 중이라고 하는데
그가 곁에 두는 인부는 귤나무 아래 어디에나 있다고는 하지만
내가 만난 것은 귤나무 이파리를 뒤적이는 바람뿐이었다

그가 그렇다면 그런 것이다

명절 풍경

이보다 박한 인생이 있을까
뒤집어쓸 것을 다 뒤집어쓰고
시치미떼며 흘깃거리는 점수
고박을 면하기는 어렵겠다
땀줄기가 등 뒤로 숨고
짠 점수에 맥주만 싱겁다

쓰잘데기없는 것들만 모아
점수를 만들었다고
값을 두 배나 더 쳐주는
멍텅구리에 대한 예우

옆자리에 쭈그리고 앉아
꼬깃꼬깃한 천 원짜리보다 구겨진 멍박*이
그나마 내가 낫다고 박수를 친다
흐리멍덩한 눈동자로 안도의 한숨을 뱉는다
멍텅구리 만세!

* 고스톱에서, 승자가 멍텅구리(열 끗)를 7장 이상 먹어서 패자가 낭패를 보는 일. 승자는 점수가 2배이다.

어느 날 정리

냉장고 속에서 시간의 조각들을 꺼낸다
애호박 청양고추 오이 토마토, 무른 것들과
초콜릿 양갱 젤리, 마른 것들
조각난 퍼즐 같은 어제를 맞춘다

다 쓸 데가 있을 텐데

누구든 언제든 먹어 없앨 것 같았는데
끓이고 볶는 일로 다 써 버리려고 했는데
말라 가는 것들과 물러 가는 것들을 들여다본다

정리했어야 했던 어제들을
검정 비닐봉지에 쓸어 담아
두 번 세 번 꽁꽁 묶는다

냉장고 불빛의 시작점이 보인다
냉장고 속이 보인다

비워야 비로소 보이는 것들

처방전

길가에 핀 작은 꽃을 바라보듯

따뜻한 시선으로 거울을 본다
갓난아기를 안 듯 조심스럽고 부드럽게
나의 나를 어루만진다
봄의 향기와 빗소리와 구름의 움직임을 사랑하듯
나는 나와 나의 우주를 사랑하기로 한다
당신의 당신을 사랑하기로 한다

더이상 외롭지 않다
이제 아프지 않을 것이다

■ 해 설

희망 없이 사랑하기

황정산(시인·문학평론가)

1. 시작하며

현대시는 무엇일까? 수많은 중간 설명을 건너뛰고 위험을 감수하며 간단히 말하자면 그것은 비루함에 대한 고백이다. 나의 삶이나 우리가 사는 세상이나 모두 비속한 욕망에 기대고 있음을 돌아보고 거기에서 벗어날 수 없는 절망을 노래하는 것이 바로 현대시의 운명이기도 하다. 그 절망의 극단에 보들레르가 있고 우리에게 기형도가 있다.

욕망의 지배를 받는 인간은 항상 슬픔과 고통 속에 살아야 한다. 욕망은 채울수록 더 큰 결핍을 만드는 것이어서 우리는 충족되지 않는 욕망이 주는 슬픔과 고통을 벗어날 수 없다. 이 타고난 결핍과 고통이 인간의 조건이다.

그런데 모든 이데올로기는 그것을 넘어설 수 있다는 희망을 이야기한다. 종교는 정신적 충만함을 통해 정치는 물질과 제도의 힘으로 인간의 슬픔과 고통을 치유할 수 있다는 희망을 제공한다. 하지만 역사가 말해 주듯 이 노력들은 실패의 연속이었다. 반대로 인간의 욕망만 더 키워 욕망과 결핍과의 낙차만을 더 크게 할 뿐이었다.

현대시는 이런 것에 대한 비판이고 자기 고발이다. 희망을 가장하는 거짓들이 얼마나 멀리 진실에서 벗어나 삶의 실상을 감추고 있는지를 까발리는 것, 그래서 그것을 추문으로 만드는 것, 그것이 바로 현대를 살아가는 시인들의 책무이기도 하다. 고우리의 시는 우리에게 이런 현대시의 운명을 다시 한 번 일깨워준다.

2. 희망 없이 세상 살기

우리의 삶은 희망으로 가득 차 있다. 미래를 보장해 주는 각종 예금과 보험, 좋은 직장을 잡고 돈을 많이 벌기 위한 많은 노력들, 건강한 몸과 나의 수명을 지켜줄 많은 약과 건강식품들 기도와 무속까지 지금보다 더 나은 삶을 살고 지금 내가 겪고 있는 욕망의 결핍을 보상해 줄 희망이 있다고 믿고 살고 있다. 아니 세상이 그런 희망이 있다고 우리에게 강요한다. 그 희망을 받아들여 교육을 받고 미래를 준비해야 건전한 시민 올바른 인간이 된다. 어쩔 수 없이 이렇게 강요된 희망을 고우리 시인은 다음과 같은 극적 상황을 통해 우리에게 보여준다.

> 어릴 때 가위바위보를 하면
> 꼭 목숨을 하나 더 달라고 해서
> 목숨 두세 개짜리 가위바위보를 했다
>
> 사람 목숨을 사람의 힘으로 어찌할 수 없다는 것을 알면서도
> 생사에 관여하는 똑똑하고 무모한 천사들
> 그래서 흰 가운을 입었을까 픽, 웃다가
> 사람이 사람에게 목숨을 부여하는 신비로운 역행
> 손길이 닿는 곳, 발길이 닿는 곳에서
> 생명이 피어나는 모습을 보면
> 정해진 수명을 거스르는 저 놀라운 행위마저
> 계획하고 있었던 것 같다, 라는 믿음이 생기기도.
>
> 애써 딴청을 피우거나 횡설수설하는 시간
> 천사가 가져올 소식을 기다린다
> 가위바위보, 꼭 이기고 싶다, 이겨야 한다
> ―「수술실 앞에서」 전문

수술실 앞은 가장 희망이 필요한 곳이다. 목숨을 놓고 운명과 가위바위보라도 해서 이기고 싶을 만큼 희망을 바라는 곳이다. 어렸을 때부터 이기기 위한 희망 때문에 단판이 아닌 두 판 또는 세 판 짜리 가위바위보를 하듯 희망의 시간을 연장하면서 살아온 것이 아닌가 시인은 생각한다. 누군가 중한 병으로 수술을 해야 하는 그런 시간에 시인은 다시 한번 그런 시간을 떠올리고 흰 가운을 입은 의료진의 손길이 천사의 손길이기를 강력히 믿어본다. 그리고 희망의 소식을 가져오기까지 "딴청을 피우거나 횡설수설"로 시간을 보낸다. 딴청과 횡설수설은 우리가 희망 앞에 무력하다는 것을 의미한다. 희망이란 우리가 스스로 만들지 못하고 누군가의 힘에 과도하게 의지해야 다가오는 그런 것이라는 의미이다. 의료진이거나 천사이거나, 다시 말해 과학이거나 종교이거나 우리는 희망을 위해 그런 것에 의지하지만 정작 우리 자신은 희망을 위한 실천에 속수무책일 수밖에 없다는 것이다. 시인은 수술실 앞에서 겪은 경험을 통해 희망찬 결과를 무력하게 기다릴 수밖에 없는 상황을 희망이라 여기며 살고 있는 우리의 삶의 희망 없음을 보여주고 있다.

   희망이 없어 불안할 때 우리는 무엇인가를 붙잡아야 한다.

다 마신 맥주 캔은 꼭 찌그러뜨려야 한다
그래야 쓰레기에 입을 대고 흔들어댈 일이 없다
설거지를 미루는 일은 정말이지 최악이다
자리를 이동하기 전에 화장실에 꼭 다녀와야 한다
맨발에 신발을 신지만 맨발로 땅을 밟지는 않는다
요리할 땐 숟가락을 여러 개 쓰고
하루에도 수십 번 손을 씻는다
…(중략)…

강박의 모든 순간이 소유욕에서 비롯된다고 믿지 말아야 한다
기꺼이 끌어안고 깊은 바다에 가라앉을만한 꿈이 아니라면
허욕을 이해하지 못하는 것이다

자유라고 부르고 싶은 것들조차
소유욕 언저리일 뿐이다

― 「소유욕의 변형」 부분

시인은 각종 강박에 대해 나열하고 있다. 누구나 한 번쯤은 경험했을 그러한 강박의 목록들이다. 강박이 "소유욕에서 비롯된다고 믿지 말아야 한다"고 말하면서도 시인

은 "바다에 가라앉을 꿈"이란 표현이 말해주듯 희망이 사라진 곳에서 가지게 되는 "허욕"이 바로 이 강박의 원인임을 말하고 있다. 이 강박이 소유욕이 아니라고 믿는 것마저 헛된 희망임을 시인은 역설적으로 얘기하고 있는 것이다. 결국 우리가 자유라고 부르는 것도 사실은 이런 소유욕에서 크게 벗어나지 못하고 있다고 지적하며 우리가 너나없이 약간의 강박 속에 자신을 속박시키고 있는 것이 이를 말해주고 있다고 시인은 넌지시 우리에게 일러주고 있다.

  희망이 없을 때 강박은 공포로 전환된다.

>샤워기 물을 머리에 맞을 수 없는 극심한 물 공포
>구명조끼 입고 튜브를 끼고도 땅에서 발을 뗄 수 없다
>언제 어떻게 터질지 몰라 맘 졸이는 풍선 공포
>물방울무늬라는 말도 듣기 싫어지는 환 공포
>차마 눈 마주칠 수 없는 피에로 공포
>수화기 너머의 목소리에 숨이 막힐 것 같은 전화 공포
>모든 부리가 나를 향해 있는 것만 같은 조류 공포
>
>해가 지면 책상 아래에 발을 내려놓기가 무섭다
>갈아입을 속옷을 찾기 위해 서랍을 여는 일도 용기가 필요하다

모든 길모퉁이를 돌기 전에 심호흡을 해야 하고
차가운 손을 스스로 맞잡는 것으로 떨림을 달랜다
집안의 거울과 시계를 모두 없애고
나는 나로부터 도망친다

불안이 불안을 불러오는 끔찍한 연쇄 현상에 대하여
범불안장애라는 병명에 가두는 건
정말이지 무서운 일이다

— 「신新납량특집」 전문

  우리의 삶은 각종 공포가 지배하고 있다. 언제 어디서 어떤 사고와 피해를 당할지 모르는 공포가 우리의 몸과 정신을 병들게 하고 있다. 그것은 고도화된 과학기술과 그것에 의해 만들어진 사회관계의 복잡성이 만들어 낸 현실이다. 하지만 우리가 할 수 있는 것은 없다. 그럴수록 우리의 자유와 주체성은 상실되고 위축된다. 길을 걷는 것도 집안에서 간단한 일을 하는 것도 공포와 맞닥뜨려야 하는 힘든 일이 되어 버린다. 하지만 더욱 무서운 것은 이러한 공포를 "범불안장애"라고 명명하여 단순한 병으로 간주하는 현실이 더 무섭다고 시인은 얘기하고 있다. 이 끔찍한 공포의 연쇄는 사실 우리의 삶에 편재하고 있어 현대를 살아가는 우리 모두의 삶의 양식이 되고 있는 게 아닌가 묻고 있다.

  이렇듯 희망이 사라진 현실에서는 소유하고자 하는 강박과 상실과 피해를 과도하게 두려워하는 공포가 삶을 지배한다. 시인은 잠수함 속의 카나리아와 같은 예민한 감각으로 우리 삶에 깊이 침윤되어 있는 이 희망 없음의 징후들을 파헤쳐 우리에게 알기 쉬운 이미지로 보여주고 있다.

  희망이 없는 곳에서 우리는 무엇을 해야 할까?

3. 절망을 연습하기

  희망이 없는 곳에서는 절망할 수밖에 없다. 하지만 살기 위해서는 그 절망에 길들여져야 한다.

    쓰러지는 일에는 요령이 필요하다

    쓰러질 때와 일어날 때
    그 틈에서 순간이라는 이름을 발견하기 전에
    풀썩, 의 진행은 끝나야 했다
    시선의 방향은 어디든 상관없다
    주저앉은 나를 들키지 않는 것보다
    중요한 것은 없었다

〈

준비하지 못하고 풀썩 쓰러져

몸을 일으키지도 못하는 순간이라는 동안에

너를 좇는 내 시선을 읽는다

학습을 통해 익숙해진 낯선 것들이

무뎌진 것들로 개명하면서

하루만큼 더 낯선 순간을 만나고 싶어

매일 무너지거나 주저앉는 나는

나날이 낯설어지는 너를 찾는다

순간이 순간으로 익숙해지길 바라며

모든 쓰러지는 순간에 네가 있는 건 아닐 테니

풀썩, 의

방법을 순간에게 묻는다

─「풀썩,」 전문

 시인은 "쓰러지는 일에는 요령이 필요하"듯이 절망의 순간에도 요령이 필요함을 보여주고 있다. 우리는 쓰러지는 순간에도 누군가의 시선을 의식한다. 이 짧은 순간을 누군가에게 들키지 않고 일어나기 위해서는 풀썩 일어나는 사고를 "풀썩,"으로 만드는 방법을 알아야 한다. 시인은 "풀썩" 다음에 쉼표를 찍는 것으로 새로운 의미를 만들어 낸다. 쉼표를 찍는 것으로 풀썩이라는 단어는 단지 넘어지는 모습을 말해주는 단순한 부사를 넘어 풀썩 다음 일어나는 그 순간의 시간을 떠올리게 해 준다. 이 쓰러지는 순간에 익숙해질수록 나를 보는 시선은 점점 낯설어져 가고 나는 쓰러짐에 덜 민망해 할 수 있는 것이다. 절망에도 마찬가지일 것이다. 그것에 익숙해지고 절망의 순간이 가져오는 그 "풀썩," 일어나는 순간을 의식하며 누구에게 들키지 않고 절망을 익숙하게 받아들일 때 그것은 견딜 수 있는 것이 된다.

 그런데 절망에 익숙해지기 위해서는 무엇을 해야 할까? 그것은 고통을 받아들이는 일이다. 다음 시가 그것을 말해준다.

  사고는 늘 뜻밖에 일어난다
  계획에 없던 전력질주에 정강이뼈가 찢기는 고통이 생겼다
  살을 뚫고 들어간 뜻밖이라는 이름의 고통이
  정강이뼈를 갈기갈기 부숴놓고
  갈라진 틈마다 쑤시고 다니는 중이다
  비명은 내지르는 족족 골절의 크레바스로 빨려 들어간다
  〈

애초에 전력을 다 해 달리지 않으면 되는 거였다
아니 그냥 걸어도 충분했을지 모르겠다

피로골절에 대해서 알지 못하는 대신
이 고통에 몰두하기로 한다
해체된 뼈를 이어 붙일 도구가 자책뿐이라도
우선은 정강이뼈가 부러지고 볼 일이다

최선을 다했던 순간을 원망하고 볼 일이다
― 「전력질주, 그 후」 전문

 시인은 사고가 난 후 자신이 한 "전력질주"를 반성하고 있다. 고통을 받아들인다는 것은 고통의 원인을 반성할 때 가능한 것이다. 시인은 사고로 자신에게 생긴 큰 상처 때문에 "비명을 내지르는" 절망적인 고통으로 신음하고 있지만 그것을 통해 무모하게 "전력질주"했던 자신의 어리석음을 자책한다. 이 자책과 그 순간의 원망을 통해 시인은 고통을 "해체된 뼈를 이어 붙일 도구"로 삼는다.
 사고는 대개 과속 때문에 일어난다. 너무 과한 욕심으로 너무 빠른 속도와 변화를 감행할 때 거기에 사고의 순간이 도사리고 있다. 한 개인뿐만 아니라 사회적 차

원에서도 마찬가지이다. 우리 사회에서 일어난 크고 작은 모든 사고는 과도한 욕망과 그 욕망을 빨리 실현하려는 성급함에서 비롯된다. 지금 우리가 살고 있는 과학기술문명도 마찬가지이다. 속도가 발전의 지표인 시대이다. 더 빠른 이동수단 더 빠른 통신수단이 더 빨리 행복한 삶을 보장한다고 우리에게 속도를 강요한다. 하지만 질주 때문에 정강이뼈가 부러지듯 이 속도 때문에 세상이 파멸에 이를 것이라고 시인은 생각하고 있다. 고통을 받아들이고 그 고통의 순간을 돌아볼 때 절망은 견딜 수 있는 것으로 그리고 삶에 대한 성찰을 가능하게 하는 유익한 것이 된다.

절망에 익숙해지는 또 다른 방법은 사랑에 대한 희망을 부정하는 것이다.

그 사람은,
사랑을 잘하거나 적극적으로 시를 쓰거나
둘 중 하나임에 분명하다

그의 시를 읽을 때마다
무릎을 탁 치거나 뒤통수를 세게 맞아서 이제
생각만으로도 도망칠 궁리를 한다
〈

지나간 모든 사랑을 의심해 본다
공정한 것들 속에 사랑이 들었다고 믿었으나
처음부터 잘못 입력된 정보였다

내가 화들짝 놀라거나 엎어져 울고 싶은 것들은 모두
너의 사랑법이어서
처음부터 다시 옮겨 적는 중이지만
어쩌자고 자꾸 글씨가 틀려서 고쳐 쓰고 고쳐 써 보지만
고장 난 레코드판처럼
같은 글자에서 또 틀리네

틀렸어,
풀어쓰는 문장은 내 몫이 아니야
             - 「사랑시 다시 읽기」 전문

 시인은 누군가의 사랑시를 옮겨 적어보지만 "자꾸 글씨가 틀"리게 적힌다. 그 사랑시에 적힌 사랑법이 틀렸기 때문이다. 그가 적어놓은 사랑시는 자신의 모든 사랑을 의심할 만큼 "무릎을 탁 치거나 뒤통수를 세게 맞"는 것과 같은 깨달음을 주지만 사실은 현실과 다르다는 것이다. 그런 멋진 사랑은 세상에 없다는 것이다. 그런 생각을 시인은 "틀렸어, 풀어쓰는 문장은 내 몫이 아니야"하고 단

언한다. "화들짝 놀라거나 엎어져 울고 싶"을 만큼 감동적인 사랑의 힘은 애초에 없었다고 시인은 생각한다.

   사랑이 있다면 그것은 서로에게 천천히 스며드는 것일 뿐이다. 다음 시가 그것을 말해주고 있다.

> 스며든다는 건
> 온 생을 걸려 닮아가는 일이다
>
> 천천히 스며들어
> 젖어드는 줄 모르고 있다가
> 헤어질 때가 되어서야 비로소
> 흠뻑 젖은 나를 발견하는 일이다
> 나로 물든 너를 바라보는 일이다
> 그제야 마주 보고 깔깔거릴 수 있겠다
> 그리고 웃는 얼굴로 인사할 수 있길
>
> Good Bye!
>
>   ─「스며듦에 대하여」전문

   서로 닮아가고 그래서 서로 "흠뻑 젖은 나"와 "나로 물든 너"를 발견하는 것이 사랑이 아닐까 시인은 생각하고 있다. 격렬하고 뜨거운 사랑으로 우리의 삶을 송두리

째 변화시키는 그런 낭만적인 사랑이 아니라 은은하게 천천히 스며드는 이러한 이해와 동화가 증오와 편견과 차별을 넘어서는 바람직한 사랑의 실천이 아니냐고 시인은 묻고 있다. 그래야 사랑이 없는 절망의 시대를 견딜 수 있는 것이 아닐까 시인은 생각하고 있는 듯하다.

5. 맺으며

고우리 시인은 이 세상에 희망이 없음을 이야기하고 있다. 욕망의 좌절로 슬픔과 고통이 지배하고 있는 세상을 살아가며 우리 모두는 크고 작은 편집증과 공포에 사로잡혀 있음을 그의 시들은 잘 보여주고 있다. 이렇게 희망 없는 절망의 시대에 살고 있지만 시인은 절망을 견딜 시인 나름의 처방을 제시한다. 그것은 희망 없이 사랑하기이다.

길가에 핀 작은 꽃을 바라보듯

따뜻한 시선으로 거울을 본다
갓난아기를 안 듯 조심스럽고 부드럽게
나의 나를 어루만진다
봄의 향기와 빗소리와 구름의 움직임을 사랑하듯

나는 나와 나의 우주를 사랑하기로 한다

당신의 당신을 사랑하기로 한다

더 이상 외롭지 않다

이제 아프지 않을 것이다

― 「처방전」 전문

  미래에 대한 거창한 설계나 희망에 찬 앞날 그리고 모두가 함께 하는 행복한 세상을 꿈꾸고 희망하는 것은 우리가 겪고 있는 절망을 더 크게 할 뿐이다. 희망이 없다는 것을 받아들이고 고통을 견뎌야 한다. 그리고 "따뜻한 시선으로 거울을" 보듯 나의 슬픔을 들여다보아야 한다. 이렇게 나와 너를 사랑할 때 "더 이상 외롭지 않"고 "이제 아프지 않을 것이다" 시인은 시를 통해 우리에게 말한다. "사랑하라, 희망 없이. 그럼 절망은 견딜 수 있을 것이다."

상상인 시인선 026

순간이라는 말,
뜨겁고 옳다

초판 1쇄 발행 | 2022년 11월 15일

지 은 이 고우리

펴 낸 곳 도서출판 상상인
펴 낸 이 진혜진
북마스터 이성혁 신상조
편　　집 세종PNP
교　　정 김승경
표지디자인 신채훈

등록번호 제572-96-00959호
등록일자 2019년 6월 25일
주　　소 06621 서울시 서초구 서초대로74길 29, 904호
전화번호 02-747-1367, 010-7371-1871
팩　　스 02-747-1877
전자우편 ssaangin@hanmail.net

ISBN 979-11-91085-81-5 (03810)

값 10,000원

* 본 도서는 2022년 충청남도, 충남문화재단의 후원으로 발간 되었습니다.

* 이 책은 전부 또는 일부 내용을 재사용하려면 반드시 저작권자와 도서출판 상상인의 동의를 받아야 합니다.

* 이 책은 교보문고와 연계하여 전자책으로도 발간되었습니다.